Cannabis et cannabis CBD

Murielle Lucie Clément

Cannabis et cannabis CBD

MLC

Editions MLC
Le Montet
36340 Cluis
© MLC 2018
ISBN : 978-2-374320-755

Mentions légales :

L'auteur et l'éditeur de cet ouvrage ont fait de leur mieux pour le préparer. L'auteur et l'éditeur ne font aucune garantie en ce qui concerne l'exactitude, l'applicabilité, l'adéquation ou l'exhaustivité du contenu de cet ouvrage. L'information contenue dans cet ouvrage est strictement à des fins éducatives. Par conséquent, si vous souhaitez appliquer les idées contenues dans cet ouvrage, vous assumez l'entière responsabilité de vos actions.

L'auteur et l'éditeur déclinent toute garantie (expresse ou implicite), quant à la qualité marchande ou l'adéquation à un usage particulier. L'auteur et l'éditeur ne pourront en aucun cas être tenus responsables envers toute partie pour tout dommage direct, indirect, punitif, spécial, accessoire ou autre découlant directement ou indirectement de toute utilisation de ce matériel, qui est fourni « tel quel », et sans garanties.

Comme toujours, les conseils d'un professionnel juridique, fiscal, comptable ou autre compétent doivent être recherchés. L'auteur et l'éditeur ne garantissent pas la performance, l'efficacité ou l'applicabilité des sites listés ou liés dans cet ouvrage. Tous les liens sont à titre informatif seulement et ne sont pas garantis pour le contenu, l'exactitude ou toute autre fin implicite ou explicite.

Cannabis et cannabis CBD, un ouvrage simple pour comprendre les effets, les dangers, les plaisirs et la législation du cannabis CBD et son histoire.

Les extraits de cannabis

L'extraction du cannabis est un processus simple, que les gens ont utilisé pendant des siècles. Il existe de nombreux enregistrements de personnes utilisant des extraits de cannabis comme le thé, le hasch ou les teintures dans les temps anciens. La première mention du hasch remonte à l'an 900 en Arabie, où les gens le mangeaient plutôt que de le fumer.

Au début du deuxième millénaire, le hasch était répandu dans tout le Moyen-Orient. Il est probable que Napoléon et ses troupes en ont rapporté en Europe de l'Egypte autour des années 1800. Un médecin français, Louis Albert-Roche, a recommandé l'utilisation du haschisch dans les années 1840. Plus tard à Paris, le « Club des Hashischins » a été créé, où des écrivains célèbres comme Balzac, Baudelaire et Hugo ont apprécié le haschisch exotique qui a pu inspirer certains de leurs grands chefs-d'œuvre. Les gens ont utilisé des teintures de cannabis jusqu'en 1942 aux Etats-Unis et jusqu'en 1970 au Royaume-Uni.

De nos jours, la science derrière l'extraction du cannabis a mûri de manière significative, avec des méthodes plus exigeantes sur le plan technologique. La raison pour laquelle les personnes effectuent des extractions est simple, et reste la même après des siècles de pratique – le produit final est beaucoup plus puissant que l'herbe fraîche, et il y a plus de composés désirés présents. Par conséquent, il est plus facile de connaître le dosage. Par exemple, les herbes fraîches contiennent généralement jusqu'à 30% de THC et 24% de CBD, comparativement aux concentrés qui peuvent être purs jusqu'à 99%.

Matériel végétal
Selon la méthode d'extraction, vous devez sélectionner les parties appropriées de la plante de cannabis à utiliser. Vous pouvez faire un extrait de toutes les parties de la plante en utilisant des solvants à l'exception de l'extrait de résine vivant qui sera discuté plus tard. En fin de compte, pour fabriquer des concentrés de haute qualité, vous devez toujours utiliser du cannabis séché et correctement traité.

Type de plante

Le type de plante que vous utilisez dépend de votre objectif. Si vous voulez avoir des extraits à teneur élevée en CBD sans THC, vous devez utiliser du chanvre ou des variétés de cannabis riches en CBD avec une faible teneur en THC. Il est très important de n'utiliser que du cannabis issu de l'agriculture biologique pour l'extraction afin d'éviter les pesticides, les engrais ou autres produits chimiques qui pourraient être présents en quantité dense dans le produit final. Si vous ne cultivez pas la plante ou ne faites pas d'extraits de cannabis vous-même, faites attention à la méthode de croissance et d'extraction utilisée par le producteur. Le but de l'extraction est de réduire la plante de cannabis en extrait riche en composés actifs, de ne pas avoir un extrait plein de produits chimiques, potentiellement dangereux.

Pendant l'extraction, la résine est retirée de la matière végétale. Les gens font l'extraction pour obtenir autant de cannabinoïdes, de terpènes et de flavonoïdes que possible. Ils fournissent l'effet final, le goût et l'odeur du concentré. D'un autre côté, nous ne voulons pas extraire les cires, les acides gras et la chlorophylle, car ils sont dangereux pour la consommation ou donnent un mauvais goût aux extraits. Il existe de nombreuses méthodes pour faire des extraits qui peuvent être source de confusion pour le consommateur. Les extraits de cannabis sont de plus en plus populaires dans l'industrie, il est donc important de savoir exactement ce que vous obtenez.

Méthodes d'extraction
Il existe deux groupes principaux d'extraits de cannabis. Les extraits sans solvant, qui sont produits sans substances étrangères, sauf l'eau (qui est techniquement un solvant), cependant, ces extraits ne sont pas considérés comme "à base de solvant". Les solvants les plus fréquemment utilisés sont l'alcool, le butane et le propane. Le CO_2 n'est pas un solvant, même si les méthodes utilisant du CO_2 sont également considérées comme des solvants.

Extraits de cannabis sans solvant
Comme son nom l'indique, lorsque vous produisez un extrait de cannabis sans solvant, vous n'utilisez aucun solvant chimique. Tout ce dont vous avez besoin est de l'eau, de la chaleur, de la pression et un tamis.

Le hasch

Le hasch est l'un des plus anciens extraits de cannabis connus des humains. Vous pouvez faire du hasch en utilisant plusieurs techniques différentes. Le processus le plus commun pour faire du hasch sans solvant est d'utiliser de l'eau glacée pour séparer les trichomes de la matière végétale puisque les trichomes contiennent la plupart des huiles essentielles. Quand ils sont séparés, ils collent ensemble et après qu'ils sèchent, ils sont pressés et le hasch est prêt ! Une autre méthode de fabrication de hash est la méthode de tamisage à sec. Les gens le préparent en utilisant des bourgeons congelés, qui sont ensuite décomposés en petites parties sur l'écran. En utilisant ce processus, les trichomes sont séparés de la plante, tombant à travers le tamis et sont pressés dans une consistance de type hachage. Le hachage le plus puissant est fait en utilisant des solvants, dont nous parlerons un peu plus tard.

Kief

Kief se réfère aux minuscules cristaux collants recouvrant la fleur de cannabis, autrement connus sous le nom de glandes résineuses / trichomes. Ils contiennent la plus grande quantité de terpènes et de cannabinoïdes actifs. Le but des trichomes est en fait de dissuader les prédateurs dans la nature. L'extraction de kief est un processus très simple ; Un broyeur à trois chambres fait tout le travail en séparant le kief de l'usine dans la chambre du bas.

Colophane

La colophane est devenue très populaire récemment. Il ressemble presque à un éclat, que vous devez faire en utilisant des solvants (voir ci-dessous), mais la colophane est plus facile à produire car tout ce dont vous avez besoin est la chaleur et la pression. Ensemble, ils font sortir le jus du bourgeon, du hachis et / ou du kief. L'extrait est juteux et translucide. Si fait correctement, il garde tous les terpènes aromatiques, et la puissance peut monter jusqu'à 70% de THC.

Extraits de cannabis à base de solvant

Avec la demande croissante de produits du cannabis, les technologies utilisées pour les extraits deviennent de plus en plus sophistiquées. La légalisation a ouvert la porte à de nombreuses idées et méthodes innovantes pour fabriquer différents concentrés, et les producteurs trouvent toujours de nouveaux solvants pour tirer le meilleur parti du cannabis. Cependant, il commence à devenir un peu plus risqué de faire et d'utiliser des extraits quand on n'a pas les informations nécessaires. Premièrement, les produits chimiques peuvent exploser. Deuxièmement, le solvant résiduel peut apparaître dans l'extrait final de cannabis, ce qui n'est pas souhaitable et peut être dangereux à consommer. Donc, au cas où vous achetez ces extraits, vous devriez demander des certificats de qualité.

Huile de hachage au butane (BHO)

Le titre parle de lui-même, BHO est fait en utilisant du butane. Différents hydrocarbures (propane, butane, hexane, etc.) ont été utilisés depuis les années 1970 pour des extractions alimentaires (par exemple l'huile de canola et de maïs). Le produit final peut avoir une consistance différente qui est responsable du nom de l'extrait par exemple ; cire, éclat, nid d'abeille, huile, nectar, etc. Le solvant est passé à travers la matière végétale, ce qui fait sortir les huiles désirables de la plante. Pour éliminer le solvant résiduel, la solution est chauffée (le butane s'évapore à basse température) sous vide. Ensuite, nous sommes sûrs qu'il ne reste plus de solvant et que l'extrait de cannabis est très puissant ! Grâce à l'utilisation d'hydrocarbures, nous pouvons avoir jusqu'à 90% de cannabinoïdes dans les extraits.

Rick Simpson Oil (RSO)

RSO est également connu sous le nom de Phoenix Tears. Rick Simpson a proposé lui-même la méthode de production. Pour faire l'extrait en utilisant cette méthode, vous devez tremper toute la plante dans du naphte pur ou de l'alcool isopropylique, qui extrait les cannabinoïdes. Après évaporation du solvant, l'extrait final est comme un goudron. Les gens administrent habituellement RSO par voie orale ou l'appliquent sur la peau.

Extraction de fluide supercritique (CO2)

Ce procédé ne nécessite aucun solvant chimique, ce qui explique également pourquoi certaines personnes le préfèrent. Les extraits sont faits en utilisant du dioxyde de carbone, qui est comprimé jusqu'à ce qu'il crée un fluide supercritique. Cette huile prélève ensuite les huiles essentielles de la plante de cannabis de la même manière que les hydrocarbures (BHO, propane, hexane). Cette méthode est unique car elle utilise le fluide supercritique qui a les propriétés du liquide et du gaz. Cela lui permet de dissoudre très complètement la matière végétale. Par rapport à BHO, la méthode au CO2 est plus facile à contrôler et l'extrait de cannabis contient plus de terpènes (jusqu'à 10% comparé à BHO qui a 0,5-3,5%). Cette méthode nécessite un équipement très coûteux que l'on trouve normalement dans les laboratoires professionnels.

Séparation moléculaire

Vous avez peut-être entendu parler du vide poussé et de la distillation à court trajet. Ce ne sont que des noms différents pour la séparation moléculaire. Cette méthode vous permet de séparer les cannabinoïdes et les terpènes de la plante et de traiter les molécules avec une dégradation thermique minimale. C'est parce que l'ensemble du processus est effectué dans des niveaux de vide inférieurs à 0,01 mm Hg. Il permet la distillation de produits à haut point d'ébullition à des températures modérées, ce qui est bénéfique car la plante n'est pas exposée à des températures élevées pendant une longue période. Cela signifie qu'il y a une dégradation thermique minimale des composés désirés. La séparation moléculaire pour extraire le CBD pur à 99,6% du chanvre est la plus communément utilisée.

Teintures

Les teintures sont des concentrés liquides fabriqués en utilisant l'extraction d'alcool. L'alcool arrache les cannabinoïdes et les terpènes. Il ne nécessite pas l'utilisation de la chaleur, il n'est donc pas aussi dangereux que la méthode BHO. Il y a un avantage de plus ; les teintures peuvent avoir des saveurs ajoutées. C'est une excellente solution pour les personnes qui n'aiment pas le goût du cannabis.

Résine en direct

La résine vivante est l'un des plus récents types d'extraits. Les gens le font à partir de plants de cannabis fraîchement récoltés, qui sont congelés immédiatement après la récolte. Cette méthode, bien que toujours basée sur l'extraction du butane, est unique car elle réduit complètement le "temps d'attente". Lorsque vous faites les extraits que nous avons mentionnés ci-dessus, vous devez sécher et guérir les plantes avant l'extraction. Cela peut prendre jusqu'à 70 jours. De plus, les terpènes sont mieux conservés que d'autres méthodes.

Jusqu'à présent, cette méthode est très rare et coûteuse.

Différents extraits offrent différentes méthodes de dérivabilité, qui influencent l'effet final de l'extrait. C'est génial d'avoir une telle variété de produits de cannabis. Vous pouvez choisir en fonction de vos préférences.

Le cannabis légal en France : présentation du cannabis CBD

Regardez de près vos boutons de cannabis. Ils sont couverts d'une épaisse couche de résine cristalline, qui contient des centaines de composés thérapeutiques connus sous le nom de cannabinoïdes et de terpénoïdes. Nous supposons que vous connaissez bien THC et CBD, mais ce ne sont que deux des nombreux acteurs importants qui travaillent ensemble pour produire des effets spécifiques. Cette synergie interactive entre les composés de cannabis a été inventée « effet entourage », et une fois que vous savez ce que c'est, vous verrez pourquoi les médicaments contenant uniquement du THC ou du CBD ne sont pas toujours suffisantes pour de nombreuses conditions médicales.

Quels sont les médicaments THC et CBD seulement ?
Les médicaments contenant uniquement du THC se réfèrent principalement à des enduits synthétiques de THC, les deux plus populaires étant le Marinol (dronabinol) et le Cesamet (nabilone). Ce sont des produits

pharmaceutiques légaux principalement prescrits pour traiter les nausées liées au cancer, mais leur efficacité est discutable. Une enquête de 2011 sur les formes de consommation a révélé que seulement 1,8% des 953 patients préfèrent les produits pharmaceutiques synthétiques au THC par rapport aux méthodes inhalées ou infusées. En outre, il peut prendre des heures pour qu'une pilule contenant uniquement du THC apporte un soulagement alors que les méthodes inhalées prennent effet immédiatement.

Les médicaments de la CBD ont pris de l'ampleur ces dernières années suite à la frénésie médiatique autour de Charlotte Web, une variété de cannabis non enivrante qui a été transformée en une huile riche en CBD pour un enfant épileptique. Le remède miraculeux a incité plusieurs États à adopter des lois sur la CDB en vertu desquelles les médicaments riches en THC restent illégaux. Bien que les médicaments à base de cannabis de la CBD aient prouvé leur capacité à changer la vie de nombreuses personnes, ces lois existent principalement pour aider ceux qui souffrent de crises épileptiques.

Cela ne veut pas dire que les médicaments synthétiques, à base de chanvre et de CBD ne sont pas des options efficaces pour de nombreux patients, d'autant que les lois limitent l'accès aux alternatives. Ces types de produits ont joué un rôle monumental à la fois comme médicament et comme tremplin législatif. Mais que peuvent faire de plus les patients de la médecine des plantes entières ? Qu'est-ce qui rend la « médecine des plantes entières » différente ?

La « médecine des plantes entières » est un terme utilisé pour décrire les médicaments utilisant le spectre complet des composés thérapeutiques que le cannabis a à offrir.

La législation du cannabis en France

L'année 2018 devrait donc voir arriver la contraventionnalisation, c'est-à-dire la mise en place d'amendes en cas d'infractions à la législation sur les stupéfiants plutôt que des peines de prison (édit du 11/05/2018 : en fait le projet d'amende cannabis s'ajoute aux peines de prison déjà susceptibles d'être données), qui n'est pas tout à fait une dépénalisation. Une mission parlementaire s'est penchée sur le sujet pour étudier quels scénarios seraient les plus adaptés et devrait remettre son rapport d'ici peu.

Plusieurs inconnues subsistent néanmoins : amende pour la première infraction (puis retour au pénal) ou pour toutes, fixation d'une quantité destinée à l'usage personnel et laquelle (3g, 5g, 20g ?), présence ou non d'une exemption pour le cannabis thérapeutique…

Dans tous les cas, la problématique de la contraventionnalisation reste la même. Elle modifie pour la première fois le texte de 1970 qui prohibe les stupéfiants en France, un petit pas certes important, mais elle ne réforme pas en profondeur la politique publique actuelle du cannabis. Par exemple, l'usage médical du cannabis ne sera pas davantage autorisé, et une deuxième infraction sera toujours traitée au pénal. Appliquée comme cela, la contraventionnalisation obligerait également à créer un fichier des consommateurs de cannabis, pour différencier premier usage et usages répétés.

La contraventionnalisation du cannabis en France : une amende de 250 à 600€.

Le document dans lequel figure les nouvelles dispositions est en fait le projet de loi de programmation pour la justice 2018 - 2022, dévoilé le 9 mars 2018 par la ministre de la Justice, Nicole Belloubet. **On peut lire** : « Pour le délit prévu au premier alinéa, y compris en cas de récidive, l'action publique peut être éteinte, dans les conditions prévues aux articles 495-17 et suivants du code de procédure pénale, par le versement d'une amende forfaitaire d'un montant de 300€. Le montant de l'amende forfaitaire minorée est de 250€ et le montant de l'amende forfaitaire majorée de 600€. »

En d'autres termes, tout usage illicite constaté de stupéfiants, même en récidive, pourra être puni d'une amende de 300€, minorée à 250€ en cas de paiement rapide (3 jours si l'avis de contravention a été remis en main propre, 15 jours si envoyé par voie postale). Cette disposition de contraventionnalisation n'empêche pas les poursuites judiciaires ni les peines de prison.

En résumé, le CBD lorsqu'il est consommé à l'aide d'e-liquide n'est pas considéré comme un produit thérapeutique. Les cannabinoïdes de synthèse sont interdits dans les e-liquides. Tous les produits doivent être présentés dans des flacons sécurisé avec un bouchon anti-enfant. Les indications sanitaires doivent être inscrites sur les étiquettes des flacons et il est nécessaire de prendre certaines précautions en ce qui concerne les matériaux utilisés pour les flacons.

D'autres clauses sont beaucoup moins évidentes si cela est possible. Par exemple, le CBD doit obligatoirement être extrait des variétés du catalogue européen. Cela en vue de faire la transparence sur la traçabilité du CBD, certains produits, à l'heure actuelle, provenant des États-Unis ou de Chine. Le THC est interdit dans les e-liquides ce qui peut se révéler difficile à suivre, les traces de THC pouvant se trouver même dans le cas d'une extraction purement CBD. Peut-être se cloîtreront-elles sous le seuil de détection. Tout autre cannabinoïde que le CBD est prohibé. Conséquemment, les extractions à spectre complet ne pourront être présentées sous forme d'e-liquide.

Les e-liquides cannabis

L'extraction du cannabis est un processus simple, que les gens ont utilisé pendant des siècles. Il existe de nombreux enregistrements de personnes utilisant des extraits de cannabis comme le thé, le hasch ou les teintures dans les temps anciens. La première mention du hasch remonte à l'an 900 en Arabie, où les gens le mangeaient plutôt que de le fumer.

Au début du deuxième millénaire, le hasch était répandu dans tout le Moyen-Orient. Il est probable que Napoléon et ses troupes en ont rapporté en Europe de l'Egypte autour des années 1800. Un médecin français, Louis Albert-Roche, a recommandé l'utilisation du haschisch dans les années 1840. Plus tard à Paris, le « Club des Hashischins » a été créé, où des écrivains célèbres comme Balzac, Baudelaire et Hugo ont apprécié le haschisch exotique qui a pu inspirer certains de leurs grands chefs-d'œuvre. Les gens ont utilisé des teintures de cannabis jusqu'en 1942 aux Etats-Unis et jusqu'en 1970 au Royaume-Uni.

De nos jours, la science derrière l'extraction du cannabis a mûri de manière significative, avec des méthodes plus exigeantes sur le plan technologique. La raison pour laquelle les personnes effectuent des extractions est simple, et reste la même après des siècles de pratique – le produit final est beaucoup plus puissant que l'herbe fraîche, et il y a plus de composés désirés présents. Par conséquent, il est plus facile de connaître le dosage. Par exemple, les herbes fraîches contiennent généralement jusqu'à 30% de THC et 24% de CBD, comparativement aux concentrés qui peuvent être purs jusqu'à 99%.

Depuis 2014, c'est la cigarette électronique, le e-joint qui débarque. La tendance vapotage fait son apparition et devient une rage chez les fumeurs d'herbe. Cette nouvelle tendance a vu le jour aux Pays-Bas, « le pays de la weed ».

La France adopte aussi ce concept novateur du vapotage, mais le grand avantage est qu'il est totalement légal depuis fin 2017 par une dérogation du Ministère de la santé public au mois de novembre. La raison pour laquelle le joint électronique est en tout point conforme à la législation française est qu'il ne contient aucune trace de produit illicite comme le THC mais qu'il est composé de molécules comme le cannabidiol (CBD).

Les e-liquides

Les nouveaux utilisateurs d'e-liquides au CBD peuvent éprouver quelques effets secondaires mineurs pendant qu'ils s'habituent au vapotage et une gêne au niveau de la gorge. Pour épargner la gorge et réduire le sentiment de gêne, il convient de vérifier le niveau de CBD : Il peut être trop élevé. Si vous utilisez un niveau de CBD très élevé, descendre d'un niveau peut devenir une source de soulagement. Surveiller le style de vapotage est également impératif. Souffler plus profondément, plus longtemps ou plus fréquemment que lorsque l'on fume des joints traditionnels, peut très certainement être la raison de l'irritation au niveau de la gorge. Boire de l'eau aidera à apaiser la gorge. La consommation régulière de boissons qui peuvent hydrater la gorge, comme du thé avec du miel et du citron est à préconiser.

Une cigarette électronique est un appareil de haute technologie qui chauffe et travaille avec la combustion. La sécurité est une préoccupation majeure lors du passage au vapotage.

Le vapotage est l'un des moyens les plus sûrs pour apprécier le cannabis. Avec cette méthode, la vapeur atteint les poumons libres des composants nocifs de la combustion, qui autrement passeraient dans la circulation sanguine par un processus où les effets sont d'abord ressentis dans le cerveau. C'est pourquoi les vaporisateurs, qui chauffent une petite quantité de bourgeon afin de déclencher la libération de cannabinoïdes et de terpènes, sont une excellente alternative au tabagisme. Mais si vous voulez quelque chose de plus rapide et plus simple, les cartouches peuvent être votre truc.

Les cartouches de vape de cannabis sont des capsules pré-remplies qui fonctionnent avec un vaporisateur ou une e-cigarette. Ils contiennent des concentrés avec des quantités variables de cannabinoïdes et utilisent des terpènes pour conférer aux huiles des arômes et des arômes spécifiques à la souche.

Le processus de chauffage de ces concentrés ou huiles est très similaire à celui utilisé pour le bourgeon émietté dans d'autres types de vaporisateurs – c'est-à-dire lorsqu'une certaine température est atteinte, les composés sont libérés et se propagent dans les poumons. Pour ceux d'entre vous qui recherchent la discrétion, les cartouches – ainsi que les vaporisateurs et les cigarettes électroniques – tiennent dans votre poche, et comme vous n'avez pas besoin de manipuler vos bourgeons pendant vos déplacements, ils sont aussi la chose la plus facile à utiliser. De plus, ils sont pratiquement sans odeur et sont chauffés en moins d'une minute.

Précautions avec des cartouches de cannabis
Comme déjà mentionné, les huiles libèrent les cannabinoïdes et les terpènes lorsqu'ils sont chauffés. Selon le vaporisateur, ceci peut être réalisé par deux méthodes : la conduction et la convection. Tandis que la conduction réchauffe la cartouche rapidement par contact, avec risque de gâcher le concentré en cas de surchauffe, la chaleur est transmise par convection à travers les particules d'air qui traversent le liquide, permettant un meilleur contrôle de température et réduisant ainsi les risques de surchauffe. C'est pourquoi, malgré leur prix plus élevé, les vaporisateurs à

conduction sont le choix préféré de la plupart des amateurs de cannabis.

Toutefois, le polyéthylèneglycol (PEG), qui est utilisé pour abaisser la viscosité de l'huile, peut contenir de l'oxyde d'éthylène, une substance cancérigène, et le propylène glycol (PG), utilisé également pour réduire la viscosité, peut endommager les reins et causer un mal de gorge et une bouche sèche.

Vous devriez vérifier l'emballage ou l'étiquette pour l'origine des terpènes. Normalement, ils proviennent de cannabis, mais il n'est pas rare de trouver des terpènes provenant de pelures de fruits, comme le limonène, qui peut être dérivé des agrumes. Donc, si possible, choisissez des cartouches qui indiquent clairement l'origine des terpènes, qui doivent être de qualité alimentaire. Assurez-vous également que le processus de production n'implique pas l'utilisation de butane, de propane ou d'hexane.

Last but not least, vérifiez que la cartouche est compatible avec votre vaporisateur ou e-cigarette. Cependant, cela ne devrait pas être un problème majeur, car la plupart des cartouches supportent même les modèles qui sont sur le marché depuis des années. Donc, si vous avez déjà un vaporisateur, il y a de fortes chances que vous n'ayez pas à en acheter un nouveau.

Si vous respectez les conseils ci-dessus, vous trouverez forcément des cartouches de vape au cannabis sécuritaires et faciles à utiliser. Et si vous voulez faire passer l'expérience au niveau supérieur, essayez simplement les profils de terpènes et rejoignez les nombreux utilisateurs de vaporisateurs de cannabis qui l'ont déjà fait.

De nombreux produits au CBD sont sur le marché comme l'huile de graines de chanvre ou les cristaux CBD, le thé CBD.

L'huile de graines de chanvre

L'huile de graines de chanvre peut être trouvée dans les marchés alimentaires, avec des types plus communs d'huile, comme l'huile d'olive. L'huile de graine de chanvre est connue pour son bon goût et pour ses grandes valeurs de graisses insaturées, telles que l'oméga 3 et l'oméga 6. Elle peut être utilisée dans de nombreuses applications telles que les lotions ou les savons, une base pour les plastiques. Les cristaux CBD sont plus fortement concentrés que d'autres formes de CBD - jusqu'à 99,8% dans certains cas, et ils produisent un effet plus immédiat que d'autres méthodes de consommation. Par contre, isoler un seul cannabinoïde élimine une variété de terpènes du produit final.

Le thé de CBD

Le thé de CBD est fait simplement en séchant les feuilles et les bourgeons des usines de chanvre riches en CBD. Comme les autres cannabinoïdes, le CBD extrait de la plante se lie aux graisses pendant tout processus de chauffage. Pour obtenir le meilleur effet, le thé doit être infusé pendant plusieurs minutes avec un peu de graisse, comme du lait, de la crème ou de l'huile de coco. Sans la graisse incorporée dans le brassage, les utilisateurs n'auront que les avantages des antioxydants, des acides gras et de la saveur douce et subtile du thé plutôt que des cannabinoïdes actifs.

Pour obtenir la pleine saveur du thé de chanvre, infuser le thé dans l'eau chaude avec du lait, de la crème ou de l'huile de coco pendant 5 minutes ou plus. Les feuilles de thé de chanvre séchées peuvent également être utilisés comme un remplacement de tabac à rouler en vrac lors de la fabrication de cigarettes ou de joints.

Parce que les feuilles de chanvre séchées n'ont pas subi de processus pour activer les produits chimiques qu'elles contiennent, les cannabinoïdes du thé de chanvre sont moins bio disponibles, ce qui signifie que l'utilisateur ressentira un effet global beaucoup plus faible par rapport aux autres méthodes.

Les méthodes d'ingestion sont entièrement à la hauteur des préférences de l'utilisateur. Différentes méthodes peuvent avoir des effets différents d'une personne à l'autre en fonction de leurs goûts personnels.

Pour les utilisateurs à la recherche d'une utilisation facile, il existe une large gamme d'e-liquides CBD, disponibles en différentes puissances pour répondre à tous les besoins. Pour les consommateurs qui recherchent le produit le plus impactant disponible, les cristaux purs de CBD peuvent être la meilleure option. Pour ceux qui veulent simplement explorer l'utilisation du CBD dans leur régime alimentaire normal, l'huile de chanvre peut avoir les meilleurs avantages globaux. Le thé de CBD est le mieux adapté aux consommateurs qui veulent simplement un thé savoureux.

Le CBD e-liquid et les dérivés CBD du cannabis

Si vous êtes comme la plupart des consommateurs ayant un intérêt pour le cannabis, vous avez vu des produits CBD apparaître un peu partout sur les boutiques en ligne ces dernières années.

Le CBD, un produit chimique non psychoactif du cannabis, semble générer de nouvelles études chaque jour. Il peut être difficile pour les consommateurs de comprendre les produits qu'ils trouvent en ligne et à leur distributeur local, et encore plus difficile de décider ce qui est bon pour eux.

Avec le CBD vanté dans les produits alimentaires et cosmétiques, sous la forme de différentes huiles, cristaux, e-liquides et thés, il n'est pas surprenant que beaucoup soient confus par toutes ces informations. Voyons certains des produits CBD les plus courants.

La production des e-liquides CBD

Les e-liquides CBD sont des produits CBD conçus pour être utilisés dans les cigarettes électroniques ou les vapoteurs. De nombreux fabricants commencent avec des cristaux de CBD purs afin de mesurer précisément le dosage de CBD, en les combinant avec de la glycérine végétale et du propylène glycol. Les producteurs d'e-liquide de haute qualité ajoutent également des terpènes (composés aromatiques de la plante de cannabis) dans l'e-liquide à la fin du processus pour en améliorer la saveur. Les e-liquides CBD, créés avec des terpènes de cannabis sont très prisés par les consommateurs. Et les saveurs OG Kush, Super Lemon Haze et Mango Kush sont les plus authentiques du marché.

L'huile riche en CBD

L'huile riche en CBD est une huile spécifique qui contient du CBD et ne contient pas de THC. L'huile riche en CBD est obtenue par extraction à partir de fleurs de cannabis, la plupart du temps à partir de souches de chanvre riches en CBD. Ensuite, cet extrait peut être mélangé avec de l'huile de graines de chanvre, de l'huile d'olive ou d'autres types d'huile pour faciliter l'ingestion. Ces produits pétroliers riches en CBD sont non psychoactifs.

Il existe une différence entre l'huile de CBD et l'huile de graines de chanvre.

L'huile de graines de chanvre est un extrait de chanvre extrait des graines de la plante. Le chanvre industriel est la seule plante utilisée pour ce type d'huile de chanvre. Les graines de la plante de chanvre peuvent être pressées à froid, pelées ou non pelées (de préférence à froid), pour créer une huile délicieuse. Il n'y a pas de cannabinoïdes comme le THC ou le CBD dans l'huile de graines de chanvre. L'huile de chanvre est légale dans la plupart des pays et peut être trouvée dans les marchés alimentaires, avec des types plus communs d'huile, comme l'huile d'olive.

Les cristaux CBD

Une fois que l'huile de chanvre a été retirée de la plante, elle peut être affinée pour isoler uniquement le CBD. Pour isoler les cristaux purs de CBD, l'huile de chanvre extraite est soumise à un processus d'hivérisation pendant lequel elle est lentement chauffée pour éliminer les graisses et les lipides. Ensuite, une machine appelée un évaporateur rotatif est utilisée pour enlever toutes les traces de plantes restantes. Le produit final est décarboxylé par un autre processus de chauffage méticuleux pour activer les cannabinoïdes, rendant les produits chimiques bio disponibles pour les consommateurs.

Les nouveaux e-liquid cannabis

Qu'est-ce qu'un E-liquide CBD ?
E-liquide - également appelé e-jus est le liquide qui alimente une e-cigarette. Il est vaporisé par l'atomiseur alimenté par batterie (e-cigarette) pour imiter la sensation de fumer. Il est normalement composé de 2 ingrédients principaux : une base atomisante (PG-VG) et l'arôme.

Avec l'e-cigarette devenant très populaire récemment parmi les fumeurs de cigarettes, l'utilisation de vaporisateurs et e-liquid a également embrassé notre monde de la santé et est considérée comme le moyen le plus pratique d'absorber du CBD, un cannabinoïde non psycho-stimulant comme le THC.

Pendant la vaporisation, le CBD entre dans les poumons et diffuse directement dans la circulation sanguine plutôt que de passer à travers le foie et les intestins. Cela évite complètement « l'effet de premier passage », permettant à près de quatre fois plus de CBD de pénétrer dans la circulation pour une biodisponibilité maximale d'environ 50 à 60 pour cent. Cela signifie que pour 100 milligrammes de CBD qui est vapoté, 50 à 60 milligrammes atteindront la circulation sanguine (la biodisponibilité orale du CBD est d'environ 15%). Fondamentalement, il est possible d'obtenir les mêmes effets bénéfiques avec une quantité beaucoup plus faible de CBD.

Les bases des CBD e-liquides
Quand il s'agit d'e-liquide, deux concepts surgissent constamment : PG et VG.
Cela peut sembler déroutant pour les débutants, mais la connaissance de ces deux ingrédients peut grandement améliorer l'expérience de vapotage de l'utilisateur. Les deux bases d'e-liquide, décrites ci-dessous, sont tout aussi sûres et approuvées par la FDA.

• PG (le propylène de glycol) – est un liquide limpide et incolore habituellement utilisé comme aromatisant dans les produits alimentaires. Il a été utilisé dans les inhalateurs d'asthme et les nébuliseurs depuis les années 1950. Le propylène glycol délivre très bien la saveur et procure un fort coup de gorge.

• VG (la glycérine végétale) - Un liquide visqueux incolore, inodore et insipide. VG est exclusivement dérivé de plantes (soja ou palmier). Les e-liquides peuvent être fabriqués à partir de 100% de VG ou de PG, cependant, de nos jours, les e-liquides sont généralement mélangés pour tirer parti des deux. La glycérine végétale est plus épaisse que le propylène glycol et ne dissout pas le CBD aussi bien que le PG. Il produit une meilleure vapeur que le PG et est également un excellent édulcorant.

Les saveurs

De nos jours, vous pouvez choisir parmi tant de saveurs du caramel vanillé à une céréale de petit déjeuner au chocolat, choisir est comme se tenir au milieu d'un magasin de sucreries. Le e-liquide contient généralement 5 à 20% de saveur. Les fabricants d'e-liquide utilisent des arômes naturels ou artificiels, certains fournisseurs allant jusqu'à fabriquer leurs propres extraits. Par exemple, certains e-liquides sont des saveurs extraites des terpènes des souches de cannabis originales.

Lors du choix des e-liquides, vous devez faire attention à sa composition. Vous ne voulez pas que votre e-liquide contienne du diacétyle, car l'exposition accumulée à ce composé volatil peut causer une bronchiolite sévère.

Différents e-liquides offrent différentes saveurs qui influencent l'effet final lors du vapotage. C'est génial d'avoir une telle variété de produits de cannabis. Vous pouvez choisir en fonction de vos préférences.

Les principes actifs du cannabis

La structure chimique du THC est similaire à l'anandamide chimique du cerveau. La similarité de structure permet au corps de reconnaître le THC et de modifier la communication normale du cerveau.

Les cannabinoïdes endogènes tels que l'anandamide fonctionnent comme des neurotransmetteurs, car ils envoient des messages chimiques entre les cellules nerveuses (neurones) dans tout le système nerveux. Ils affectent les zones du cerveau qui influencent le plaisir, la mémoire, la pensée, la concentration, le mouvement, la coordination et la perception sensorielle et temporelle. En raison de cette similitude, le THC est capable de s'attacher à des molécules appelées récepteurs cannabinoïdes sur les neurones dans ces zones du cerveau et de les activer, en perturbant diverses fonctions mentales et physiques et en provoquant les effets décrits précédemment. Le réseau de communication neurale qui utilise ces neurotransmetteurs cannabinoïdes, connu sous le nom de système endocannabinoïde, joue un rôle critique dans le fonctionnement normal du système nerveux, de sorte que l'interférence avec lui peut avoir des effets profonds.

Par exemple, le THC est capable de modifier le fonctionnement de l'hippocampe et le cortex orbitofrontal, zones cérébrales qui permettent à une personne de former de nouveaux souvenirs et de modifier son attention. Par conséquent, l'usage du cannabis entraîne une altération de la capacité de penser et interfère avec la capacité d'une personne à apprendre et à effectuer des tâches compliquées. Le THC perturbe également le fonctionnement du cervelet et des ganglions de la base, les zones du cerveau qui régulent l'équilibre, la posture, la coordination et le temps de réaction. C'est la raison pour laquelle les personnes qui ont consommé du cannabis doivent conduire prudemment. En outre, ces personnes peuvent avoir de la difficulté à faire du sport ou à pratiquer d'autres activités physiques.

Le THC, agissant par l'intermédiaire des récepteurs cannabinoïdes, active également le système de récompense du cerveau, qui comprend les régions qui régissent la réponse aux comportements sains et agréables tels que le sexe et l'alimentation. Comme la plupart des autres médicaments dont les gens abusent, le THC stimule les neurones dans le système de récompense pour libérer la dopamine chimique de signalisation à des niveaux plus élevés que généralement observés en réponse à des stimuli naturels. Ce flot de dopamine contribue à la sensation agréable que ceux qui utilisent le cannabis de façon récréative cherchent.

En revanche, le CBD est non psychoactif mais il entraîne certains effets. Par exemple, de nombreux utilisateurs se tournent vers l'huile riche en CBD qui peut être consommée de nombreuses façons. Les utilisateurs à la recherche de l'effet le plus fort peuvent la prendre directement en plaçant une goutte sur ou sous la langue afin que l'huile soit absorbée par la bouche et le tube digestif. On peut aussi choisir d'ajouter une goutte d'huile à la cuisson des produits de boulangerie ou dissoudre une goutte dans du thé ou une autre boisson.

Les cristaux de CBD donnent aux consommateurs plus de polyvalence que l'huile. Comme l'huile de chanvre, on peut les ajouter aux aliments, les dissoudre dans les boissons ou les avaler entiers, mais contrairement à l'huile, les cristaux peuvent aussi être consommés comme des concentrés de cannabis ou en e-liquides ou saupoudrés sur une cigarette.

Les effets du cannabis au CBD

Les consommateurs de cannabis ont depuis longtemps apprécié la puissance (teneur élevée en THC) comme l'un des principaux facteurs rendant une souche particulière plus désirable. Bien que la demande traditionnelle de THC ait provoqué une sursaturation de produits à forte puissance, de nombreux consommateurs commencent à préférer des produits moins intenses qui sont plus faibles en THC et plus élevés dans le composé sans intoxication appelé cannabidiol (CBD). Le THC et le CBD sont tous les deux des cannabinoïdes dérivés de la plante de cannabis, mais ils sont différents de plusieurs façons qui peuvent influencer votre achat de prochaine officine.

Quelles sont les souches de cannabis à haute teneur en CBD ?
Le CBD est généralement le deuxième cannabinoïde le plus abondant dans le cannabis, mais ce n'est pas toujours le cas. Une souche peut fournir du CBD et du THC dans les proportions suivantes : Une teneur élevée en THC et une faible teneur en CBD (par exemple, 10 à 30% de THC, traces de CBD) Une teneur CBD / THC équilibrée (par exemple, 5-15% de THC et CBD) une teneur

élevée en CBD et une faible teneur en THC (par exemple, 5-20% CBD, THC inférieur à 5%). Les souches à haute teneur en CBD ont tendance à produire des effets fonctionnels très nets sans l'effet euphorisant associé aux fortes concentrations de THC. Ils sont généralement préférés par les consommateurs qui sont extrêmement sensibles aux effets secondaires du THC (comme par exemple, l'anxiété, la paranoïa, le vertige). Une souche riche en CBD serait également un excellent choix pour quelqu'un qui a besoin de se soigner tout au long de la journée pour contrôler la douleur, l'inflammation, l'anxiété ou d'autres problèmes de santé chroniques.

Les souches en teneurs CBD / THC équilibrées seront un peu plus euphoriques que les souches dominantes du CBD, bien qu'elles soient beaucoup moins susceptibles d'induire l'anxiété, la paranoïa et d'autres effets secondaires négatifs. Les souches comme celles-ci ont tendance à être les plus efficaces pour le soulagement de la douleur, et elles sont également bien adaptées aux consommateurs sensibles au THC qui aimeraient un effet plus moelleux. Les souches de CBD peuvent être consommées comme vous le feriez avec des souches de THC. Vous pouvez fumer ou vaporiser une fleur riche en CBD, manger un aliment contenant du CBD, avaler une capsule d'huile de CBD, appliquer une lotion CBD ou utiliser une teinture de CBD par voie sublinguale. Les produits du chanvre contiennent également du CBD, bien que ce soit une source moins efficace et qu'il manque la diversité chimique bénéfique des produits CBD dérivés du cannabis.

Quels sont les avantages médicaux de CBD ?
La liste des conditions que CBD peut aider est toujours en expansion. Voici quelques-unes des conditions et des symptômes les plus communs que les patients combattent avec le CBD :

L'Épilepsie et troubles épileptiques
La douleur et l'inflammation
TSPT et l'anxiété
La maladie de Crohn
La sclérose en plaque
Le retrait des opioïdes
Bien que les preuves cliniques et anecdotiques suggèrent que le CBD a des avantages à gérer différentes conditions, il est devenu le plus célèbre pour le traitement d'une forme rare et

débilitante d'épilepsie pédiatrique, le syndrome de Dravet notoirement résistant aux méthodes de traitement approuvées actuelles.

La nouvelle vague autour du CBD et du CBD Vape

De nos jours, l'âge d'or de la cigarette électronique est enfin là, des centaines de modèles différents et des e-liquides aromatisés sont sur le marché. Le CBD étant non-psycho-stimulant au contraire du THC qui agit sur le système nerveux, il est relaxant mais non euphorisant. En outre, la dérogation de novembre 1917 du Ministère de la santé a rendu son utilisation légale.

La cigarette électronique est d'une utilisation très simple. Une pile qui alimente l'appareil. Un atomiseur ou la partie contenant l'élément chauffant. Il chauffe l'e-liquide qui provoque la vaporisation du liquide et ensuite son inhalation et un réservoir ou la partie contenant le matériau de stockage d'e-liquide et un e-liquide de bon goût. Un mélange de propylène glycol, de glycérine végétale, d'arômes et de CBD. Plus besoin de fabriquer ses joints.

En outre, vapoter fait économiser de l'argent à court et à long terme. Être capable d'acheter des e-liquides dans des cartouches qui dureront plus longtemps pour le même prix signifie une augmentation d'économies. Il est clair que le vapotage revient moins cher à long et à court terme pour les fumeurs.

Vapoter signifie ne plus inhaler de tabac ou de fumée. Sans études claires sur la façon dont le vapotage pourrait avoir un impact sur la santé, l'e-cigarette peut au moins limiter les dommages en remplaçant les 4 000 produits chimiques connus dans les cigarettes et le tabac par les éléments principaux qui composent les e-liquides : PG – le Propylène Glycol qui transporte la saveur plus efficacement que la glycérine végétale aussi appelée VG (qui est exclusivement dérivée de plantes comme le soja ou le palmier).

Il est possible de choisir parmi des milliers de saveurs, il y en a pour tous les goûts. Les fabricants d'e-liquide utilisent des arômes naturels ou artificiels. Que vous choisissiez CBD ou Nicotine dépend de vos préférences. Contrairement à l'e-liquide à base de nicotine, la concentration de CBD peut varier massivement dans la force allant de 25 mg à 1000 mg par bouteille.

Aujourd'hui, avec la tendance au vapotage qui frappe le marché, les utilisateurs ont le choix entre une vaste gamme d'e-cigarettes, d'e-liquides et de goûts. Il est même possible de choisir des goûts extrêmes comme de la crème brûlée au café ou même des frites. Les e-liquides permettent aussi à l'utilisateur de déguster les terpènes de cannabis originaux.

Le choix final dépendra des besoins personnels de chacun, de votre habitude de fumer et de vos préférences en matière de saveur.
N'oubliez pas que pour optimiser le goût de votre e-liquide, il est important de bien nettoyer votre appareil ou de passer à un nouvel équipement lorsque vous changez d'arôme.

Malgré l'enthousiasme croissant pour le vapotage, il est important de noter que le vapotage n'est ni sûr ni sain, mais il s'agit d'une alternative au fumage traditionnel. Le vapotage s'est avéré être l'un des moyens les plus efficaces pour se débarrasser des joints. L'an dernier, la collaboration Cochrane a publié un examen des données probantes sur la question de savoir si les cigarettes électroniques peuvent aider quelqu'un à cesser de fumer et si elles peuvent être utilisées sans danger à cette fin. Au fur et à mesure que d'autres recherches seront menées, l'efficacité de la cigarette électronique comme moyen d'arrêter de fumer sera mieux comprise.

Les meilleurs produits pour la cigarette électronique cannabis

L'achat d'une cartouche de cannabis ou d'un e-liquide n'est pas un secret : il vous suffit de vous rendre dans votre magasin de vente en ligne ou dans le catalogue en ligne où vous trouverez des extraits de chanvre et des huiles sans nicotine et riche en CBD. En particulier dans les pays et les régions où le cannabis n'est pas encore légal l'achat en ligne est une panacée. Généralement, les cartouches sont proposées en différentes tailles et prix pour convenir à toutes les bourses. Des classiques tels que Amnesia Kush et Mango Haze sont disponibles avec un contenu élevé en CBD.

D'autres produits disponibles incluent des profils de terpène, qui sont naturellement extraits du cannabis et ne contiennent pas de cannabinoïdes. Ceux-ci peuvent être utilisés avec tout, des e-liquides aux extraits et même aux bougies, et incluent des saveurs basées sur des variétés telles que Cheese (piquant avec des notes terreuses), Bubba Kush (fruits exotiques, Diesel et chewing-gum) et Blue Dream (doux avec un peu de l'encens).

La technique d'extraction remonte à l'ancienne Perse et implique l'utilisation de vapeur, qui est pompée à travers la matière végétale jusqu'à ce que les terpènes soient rassemblés dans une huile. Lorsque la vapeur est refroidie et devient liquide, l'huile peut être séparée de l'eau. Généralement, les terpènes sont vendus dans des flacons à jeter et des pipettes, quelques gouttes suffisent à aromatiser un gramme ou un millilitre d'e-liquide. Le mélange est ensuite laissé à reposer pendant 24 heures afin de faciliter la fixation du terpène, après quoi il est prêt à l'emploi.

Les meilleurs e-liquide au CBD sont ceux contenant 99 % de CBD. Ce sont les plus purs disponibles sur le marché et les boutiques en ligne ou autres précisent toujours la teneur en CBD. Les productions locales ainsi que la provenance et le traitement effectués sur place minimisent l'empreinte carbone ce qui est toujours sensible et bien apprécié des consommateurs.

Les e-liquides au CBD contiennent presque tous une base similaire de glycérine végétale, mais leur composition chimique réelle présente des variations extraordinaires pour certaines.

Cela provient des cannabinoïdes divergents selon la composition des variétés qui auront été utilisées lors de l'extraction et de la méthode d'extraction. La variation de leur composition chimique exacte entraine aussi non seulement une différence de goût, mais aussi bien entendu une variation dans leur concentration.

Il est impératif lors de l'achat du produit de bien se documenter sur son origine et ses composants. En effet, il faut savoir que de nombreux e-liquides que l'on trouve sur le marché sont obtenus de façon artisanale et sans aucun contrôle et il est préférable de se diriger vers ceux qui sont produits de façon contrôlée et avec une assermentation des autorités sanitaires pour éviter tout risque d'effets secondaires indésirables.

Il existe des e-liquides avec une concentration plus ou moins importante de CBD ce qui génère des gammes variées quant aux effets qui permettent des dosages adaptés au goût de chaque consommateur selon ses attentes.

Les tarifs pour du cannabis au CBD

Le prix du cannabis CBD dépend de plusieurs facteurs. D'une part, il est grandement influencé par le pays où il est produit et vendu. Le prix aurait tendance à être plus élevé dans les pays où le cannabis est interdit. Le prix d'un produit est, en règle générale, modulé par la fluctuation de l'offre et la demande sur le marché. Mais le cannabis ne peut être considéré comme un produit lambda, car il est prohibé dans de nombreux pays et de ce fait, sa vente et son achat est une action commerciale illégale. Cela concerne la grande majorité des pays. En revanche, dans les quelques pays où la vente et l'achat du cannabis sont autorisés par la loi, son prix est dicté par cette dernière et les taxes.

En résumé, les facteurs déterminants pour le prix du cannabis sont le niveau de la prohibition dans le pays, la proximité des fournisseurs de la matière première – c'est-à-dire les pays où la marijuana est cultivée, la flexibilité de l'application de la législation, les sanctions imposées en cas de transgression, etc. Ces différents facteurs peuvent générer des variations phénoménales avec des écarts allant de 1 à 20 dans les pays mais aussi d'une ville à l'autre où le cannabis est le plus ou le moins cher. Par exemple, au Japon, à Tokyo, on compte environ 25 € le gramme d'herbe alors qu'à Quito en Équateur, on se le procurera pour à peu près 1 €.

Les dangers du cannabis au CBD

Le CBD (cannabidiol) et le THC sont les deux cannabinoïdes les plus présents dans le cannabis. Le CBD procure un sentiment d'apaisement et une grande relaxation musculaire et au contraire du THC, il ne procure aucun effet psycho stimulant. Le CBD se retrouve dans de nombreux produits comme certaines crèmes, des huiles et dans les e-liquides pour le vapotage. Aucune étude sérieuse d'envergure n'a encore été réalisée sur le potentiel thérapeutique du CBD, mais plusieurs chercheurs le disent d'ores et déjà apte à fonctionner comme un antioxydant, anti convulsif et anti-inflammatoire entre autres propriétés. Toutefois, le CBD n'affecterait pas les paramètres vitaux des consommateurs moyens bien que certains éprouvent des effets de somnolence, de perte d'appétit et d'inhibition. Quant au surdosage, ses effets secondaires seraient beaucoup moins insupportables que ceux de l'alcool ou de la nicotine.

En cas de surdosage grave, l'utilisateur éprouverait uniquement un grand endormissement et une sensation de raideur musculaire aiguë. Une pause dans la consommation suffirait amplement à éliminer ces effets. Même à forte dose, il serait possible de le tolérer sans grand danger et le Comité OMS d'experts de la pharmacodépendance a conclu que même dans ce cas, le CBD comporte peu de véritable danger direct pour la santé. Tant que le consommateur reste dans un espace privé son état de somnolence est sans danger.

Néanmoins, le cannabis est la drogue illicite la plus fréquemment trouvée dans le sang des conducteurs qui ont été impliqués dans des collisions de véhicules, y compris celles qui se sont révélées mortelles. Deux grandes études européennes ont montré que les conducteurs avec du THC dans leur sang étaient deux fois plus susceptibles d'être coupables. Cependant, le rôle joué par le cannabis dans les accidents est souvent flou, car il peut être détecté dans les fluides corporels pendant des jours ou même des semaines après l'intoxication et parce que les gens le combinent souvent avec de l'alcool. Les personnes impliquées dans des collisions de véhicules avec du THC dans leur sang, de niveau particulièrement élevé, sont trois à sept fois plus susceptibles d'être responsables de l'incident que les conducteurs qui n'ont pas consommé de drogues ou d'alcool. Le risque associé au cannabis associé à l'alcool semble être supérieur à celui de l'une ou l'autre des drogues consommées seules.

Plusieurs méta-analyses de plusieurs études ont montré que le risque d'être impliqué dans un accident augmente significativement après l'usage du cannabis. Dans quelques cas, le risque a doublé ou plus que doublé. Toutefois, jusqu'à présent aucune étude d'envergure n'a encore été réalisée sur les dangers de la consommation de cannabis au CBD dans la circulation routière. Par ailleurs, une vaste étude de cas-témoins menée par l'Administration de la Sécurité Routière Nationale n'a pas constaté d'augmentation significative du risque d'accident attribuable au cannabis après contrôle de l'âge, du sexe, de la race et de la présence d'alcool. Il est évident que les effets de la consommation de cannabis au CBD et ses dangers véritables sont encore peu connus. Plusieurs années d'études seront indispensables pour obtenir le recul nécessaire.

Table des matières

Merci d'avoir lu *Cannabis et cannabis CBD*.
Si vous avez apprécié cette lecture, j'aimerais vous demander une faveur : celle de retourner à l'endroit où vous avez acheté ce livre pour y laisser un commentaire honnête. Les auteurs vivent et meurent de leurs critiques, et les quelques secondes qu'il vous faudra pour le faire m'aideront vraiment. Merci.

J'espère que *Cannabis et cannabis CBD* vous a aidé à atteindre votre but.

Si vous en ressentez le besoin, n'hésitez pas à me contacter via mon site Internet http://www.muriellelucieclement.com

ou par mail : clementml@me.com
Vous pouvez aussi aller visiter mon blog : www.aventurelitteraire.com

Imprimé par
CreateSpace
Amazon
KDP

www.ingramcontent.com/pod-product-compliance
Lightning Source LLC
Chambersburg PA
CBHW071233290326
41931CB00037B/2896